108 Citater
om Meditation
af Amma

108 Citater om Meditation af Amma

Udgivet af :
  Mata Amritanandamayi Center
  P.O. Box 613, San Ramon, CA 94583
  USA

———————— 108 Quotes on Meditation (Danish) ————————

Copyright 2020 © Mata Amritanandamayi Mission Center, P.O. Box 613, San Ramon, CA 94583, USA

Alle rettigheder forbeholdes. Ingen del af denne udgivelse må gengives i nogen form eller på nogen måde, hverken elektronisk eller mekanisk, herunder fotokopieres, uden udtrykkelig skriftlig tilladelse fra udgiveren.

Første udgave: April 2020

Danmark:
  www.amma-danmark.dk
  info@amma-danmark.dk

India:
  inform@amritapuri.org
  www.amritapuri.org

1

Meditation er så dyrebart som guld. Det fører til materiel fremgang, fred og frihed. Selv et enkelt øjeblik tilbragt i meditation er aldrig spildt. Det vil altid have stor værdi.

2

Hvis vi i tillæg til vores meditationspraksis også har medfølelse, er det som guld med en vidunderlig duft! Meditation gør det muligt for os at fylde vores hjerte med medfølelse.

3

At fokusere opmærksomheden fuldstændigt er essensen i alle spirituelle discipliner. Meditation er en af de bedste metoder til at opnå dette.

4

Mine børn, tro ikke, at I med det samme kan få sindet til at falde til ro, når I sætter jer for at meditere. Først skal I slappe af i hele kroppen. Hvis jeres tøj sidder for stramt, skal I løsne det. Sørg for at ryggen er rank. Luk så jeres øjne og fokuser på vejrtrækningen.

5

Du kan begynde meditationen med at fokusere på din elskede guddoms form eller det formløse, for eksempel flammen på et stearinlys. Hvis sindet vandrer, så bring det tilbage. Hvis du er ude af stand til at gøre det, er det nok bare at lægge mærke til, hvor sindet bevæger sig hen. Sindet skal holdes under observation. Så vil det holde op med at vandre omkring og komme under din kontrol.

6

Sid og betragt din elskede guddoms billede i to minutter. Luk så øjnene og visualiser guddommens form i dit hjerte. Mediter ved at fokusere sindet enten på punktet mellem øjenbrynene eller i hjertet. Betragt billedet igen, hver gang formen forsvinder. Selvom billedet er lavet af papir og blæk, kan du forestille dig, at det er fyldt med bevidsthed. Vi kan kun nå til det virkelige gennem det uvirkelige. Fordi vi er omgivet af det uvirkelige, glemmer vi det virkelige. Vi kan blive mindet om det virkelige ved hjælp af et billede.

7

I begyndelsen må du virkelig gøre dig umage med at fokusere på din elskede guddom, når du mediterer. I starten er det måske ikke muligt at visualisere hele formen. Selv da skal du ikke blive nedtrykt, men fortsætte med at forsøge blot at visualisere guddommens fødder. Efter et stykke tid vil du blive i stand til at visualisere den fulde form. Formen bliver mere og mere tydelig takket være den kraft, der opstår gennem en vedvarende praksis.

8

I de første stadier er det nok med ti minutter til en halv times meditation to gange om dagen. Gradvist kan varigheden øges. Tidsrummet fra kl. fem om eftermiddagen til elleve om formiddagen er velegnet til meditation. Bliv siddende i stilhed i et stykke tid efter meditationen. Kun sådan får du det fulde udbytte af din meditation. Søg altid din spirituelle lærers råd, og følg nøje hans eller hendes instruktioner.

9

Lad ikke sindet blive anspændt, når du mediterer. Hvis der er steder i kroppen, hvor der er spændinger eller smerter, vil sindet dvæle ved det. Slap af i alle dele af kroppen, og betragt dine tanker med fuld opmærksomhed. Så vil sindet falde til ro helt af sig selv.

10

Når først du begynder at få smag for at meditere, vil det ikke være vanskeligt. Det vil gradvist begynde at ske spontant. Indtil da må du virkelig gøre en indsats, for ellers er det svært at lære kroppen og sindet tålmodighed.

11

Vi skal ikke meditere, lige efter vi har spist. Der skal gå minimum to timer efter et stort måltid, før vi sætter os til at meditere. Har vi bare spist en mindre snack, er en halv times interval tilstrækkeligt.

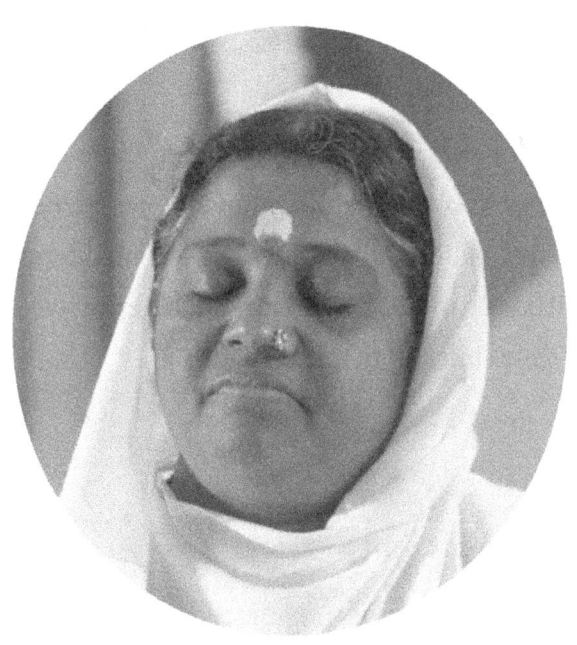

12

Kan du meditere et sted, hvor der er rodet, beskidt og grimt? Nej, det kan du ikke. Du har brug for et sted, der er rent og ordentligt. Et snavset og rodet sted vil påvirke sindet, så du ikke er i stand til at koncentrere dig.

13

Du behøver ikke at tro på Gud for at meditere. Du kan forestille dig, at du smelter sammen med det uendelige, ligesom en flod der strømmer ud i havet og bliver ét med det. Denne metode vil med sikkerhed hjælpe dig med at slippe for at være urolig.

14

Mine børn, meditation handler ikke kun om at sidde med lukkede øjne. Vi må gøre hver eneste handling til en form for tilbedelse. Vi må blive i stand til at opleve Guds nærvær overalt.

15

Når først du har overgivet dig selv helt og fuldt, og hele dit væsen befinder sig i en tilstand af konstant bøn, er det ikke længere dig, som er tilbage, men Gud. Det eneste, der er tilbage, er kærlighed. Bøn kan frembringe dette mirakel. Dine tårer kan udrette denne bedrift. Hvad er formålet med meditation? At blive kærlighed, at erfare denne enhed. Den bedste meditationsteknik er at bede og kalde med tårer på Gud.

16

Meditation er ikke kun at sidde i lotusstilling med lukkede øjne. Meditation vil også sige at tjene lidende mennesker uselvisk, at trøste de fortvivlede, at smile til andre og at sige nogle få kærlige ord.

17

Mine børn, forsøg ikke at tvinge jeres sind til at blive stille, når I sidder og mediterer. Hvis I gør det, vil tankerne rejse sig med en styrke ti gange større end oprindeligt. Prøv at finde ud af, hvor tankerne opstår, og brug den indsigt til at få kontrol over dem.

18

Du kan fjerne dine problemer én gang for alle ved at forandre en udbredt misforståelse – at dine problemer skyldes ydre situationer i livet. Forstå, at vanskelighederne findes i dit eget sind. Når du først bliver bevidst om dette, kan du begynde processen med at fjerne dine indre svagheder. Meditation er metoden, der anvendes til at opnå dette. Kun den indre stilhed, ro og afslapning, som du opnår gennem meditation, vil hjælpe.

19

Meditation er den teknik, der gør det muligt for dig at lukke sansernes døre og vinduer, så du kan kigge indad og se dit eget sande Selv.

20

Når vi mediterer på Gud i en form, mediterer vi også på vores eget Selv. Når alle andre tanker holdes ude, kan vores sind koncentrere sig om billedet af Gud. Med tiden vil der ikke være nogen andre tanker end tanken om Gud.

21

Meditation opløser frygten for døden. Den fjerner egoet og bringer os til tilstanden af ikke at være sindet. Når først vi transcenderer sindet, realiserer vi, at vi er den uforanderlige, uforgængelige Atman (det højeste Selv), som er universets essens.

22

Enhver spirituel praksis, du udfører, gavner hele verden. Vibrationerne fra din japa (at gentage et mantra), chanting og meditation, renser atmosfæren såvel som dit eget sind. Selv uden at være klar over det, spreder du fred og ro til dem, som kommer i kontakt med dig.

23

Selvom vores sande natur er den altid frie, evige Atman, er det vores nuværende overbevisning, at vi er bundne og begrænsede. Spirituelle praksisformer som meditation er nødvendige for at fjerne denne misforståelse.

24

Gennem spirituelle praksisformer såsom meditation, får vi styrke. Vi bliver til et lager af utrættelig energi og handlekraft. I krævende situationer bliver vi i stand til at handle på den rigtige måde..

25

Du vil ikke nå det guddommelige uden tålmodighed og opmærksomhed. Hvordan vil du kunne koncentrere dig under meditationen, hvis du ikke er i stand til at være opmærksom på selv ganske små ting på det grove plan? Meditation er ekstremt subtil. Det er den opmærksomhed og tålmodighed, vi udviser, når det handler om de små ting, som fører os til store resultater.

26

Følg enten Guds vilje med den indre overbevisning at 'Alt er dig,' eller spørg 'Hvem er jeg?' med en stærk overbevisning om, at 'Alt er indeni mig.'

27

Når der skal udføres seva (uselvisk arbejde), bør en spirituelt søgende kunne glemme sig selv og fordybe sig fuldstændigt i arbejdet som en offergave ved Herrens Lotusfødder. Hvis der ikke er noget arbejde, skal den samme person være i stand til at sidde og meditere i timevis.

28

Vores sind bliver urent af de mange forskellige tanker, der hele tiden opstår. Meditation retter alle disse tanker mod ét enkelt fokuspunkt.

29

Børn, sindet er i sin natur rent og rettet mod ét punkt, men indtil nu har vi givet plads til mange urene, verdslige følelser, der er som dårlige lejere. Vi har givet dem et lille stykke af vores jord til at bygge en hytte. Nu lader de som ingenting, når vi beder dem om at forlade stedet. Derimod skynder de sig med at komme op at skændes med os. Vi er nødt til at anstrenge os meget for enten at smide dem ud eller at stille dem for retten. På tilsvarende måde må vi, når det handler om at smide sindets lejere ud, anlægge sag ved Guds domstol. Det er en konstant kamp. Vi må blive ved med at kæmpe, indtil vi sejrer.

30

Dualitet eksisterer kun, når vi identificerer os med kroppen. Når vi transcenderer denne identifikation, vil alle dualiteter forsvinde. I denne tilstand af den højeste enhed er det ligesom en beholder, der er blevet brudt op, så rummet inde i beholderen bliver ét med det totale rum.

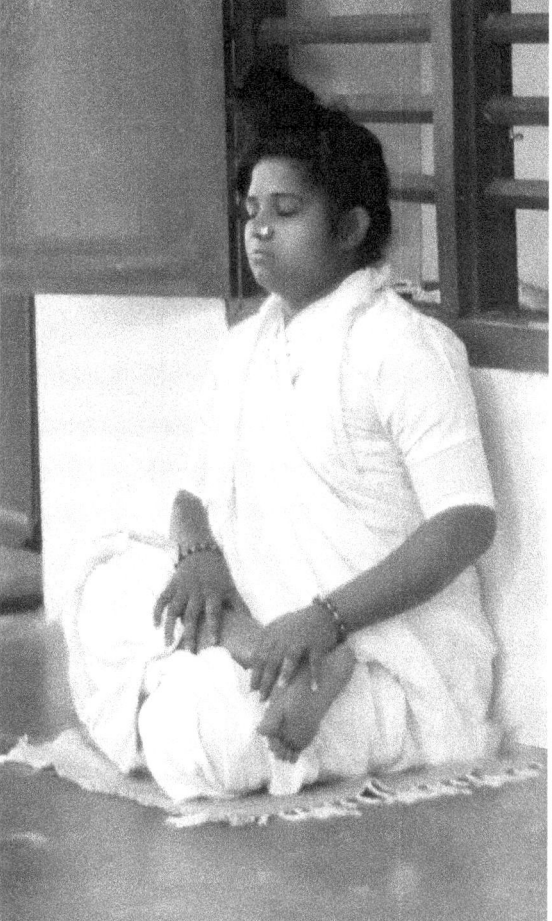

31

Ti timers meditation om dagen svarer til fem timers meditation om natten. Selvom du sover hele dagen, bliver du ikke frisk og glad på samme måde, som hvis du får nogle få timers søvn om natten. Det er, fordi atmosfæren er stille og rolig om natten. Der er færre verdslige vibrationer og tanker, hvilket gør atmosfæren mere velegnet til meditation. Om dagen er atmosfæren fuldstændig forurenet af verdslige tanker fra folks søgen efter materielle glæder.

32

Kun en uselvisk indstilling, der understøttes af bøn, meditation og mantra-chanting, kan genskabe den tabte harmoni i det menneskelige sind. Skab først harmoni i sindet. Så vil harmonien i naturen automatisk indfinde sig. Hvor der er koncentration, er der harmoni.

33

Gennem meditation overvinder vi uro i sindet. Meditation hjælper os med at rense sindet på samme måde, som et filter fjerner urenheder fra vand. Når sindet herefter fordyber sig i noget, vil vi opleve vores iboende glæde.

34

Meditation er gavnlig selv for små børn. Deres intelligens bliver skærpet, deres hukommelse bliver bedre, og de vil få lettere ved at lære. De vil blive stærke i krop og sind og kan så modigt se livet i øjnene.

35

Koncentration og kærlighed er ét. De er uadskillelige ligesom de to sider af en mønt. Fordi de er uadskillelige, må du også føle kærlighed, hvis du ønsker at opnå koncentration i din meditation.

36

Ægte meditation får al lidelse til at ophøre. Al lidelse er forårsaget af sindet, og fortiden ligger i sindet. Kun ved at give slip på fortiden, som kan opnås gennem meditation, er det muligt at blive rodfæstet i Selvet eller Gud.

37

Vi bør blive ved at meditere regelmæssigt og oprigtigt, indtil vi opnår fokuseret koncentration i sindet. Når først frøene er sået, skal de vandes hver dag, indtil spirerne vokser og når et vist niveau. Det kan måske godt tage nogen tid, før spiritualitetens spirer viser sig. Styrk dem hver dag med vandet fra den spirituelle praksis, og vent tålmodigt.

38

Efterhånden som du mediterer mere, vil du opleve, at flere vasanaer (latente tilbøjeligheder og ønsker) vil dukke op. Vasanaerne dukker op på denne måde ene og alene med det formål at blive tilintetgjort.

39

At tvinge sindet til at meditere er som at holde en hul træstamme under vand. Den vil skyde op til overfladen, så snart vi fjerner hånden. Vi skal langsomt forsøge at overvinde sindet ved at give det nye ideer og fremelske gode vaner i stedet for de gamle dårlige vaner.

40

Vi må betragte vores tanker på afstand. Hvis vi nærmer os, vil de hive os med, uden at vi er klar over det, men hvis vi betragter dem på afstand, kan vi se tankerne falde til ro og den indre fred vende tilbage.

41

Før du mediterer, skal du sige til sindet: 'Hvad der end sker, vil jeg kun rejse mig op herfra, når den tid, der på forhånd er afsat til at meditere, er gået.'

42

Selvom vi i begyndelsen ser Gud i en bestemt form og kalder Gud et bestemt navn, vil vi, når vores hengivenhed er modnet og blomstrer fuldt ud, være i stand til at se Gud i alle navne og former og i os selv.

43

Hvis du begynder at tale lige efter, du har mediteret, vil du spilde al den energi, du har opnået. Spild ikke din energi ligesom et menneske, der ødsler hårdt indtjente penge væk på småting.

44

Kære elskede børn, husk altid i jeres hjerter, at Gud er kærlighed. Ved at meditere på legemliggørelsen af kærlighed, vil I selv blive denne kærlighed.

45

Kærligheden skal fødes indeni. Gennem meditation, bøn og chanting, kan vi opelske og nære denne kærlighed og skabe en atmosfære, der støtter kærligheden i at vokse.

46

Meditation er en teknik, hvor man lærer at være til stede i det nuværende øjeblik. Det er en erfaring. Det kan ikke forklares med ord. Meditation indfinder sig, når du går hinsides sindet og alle dine tanker.

47

Den indre ro og stilhed, vi opnår gennem vores meditation, må vi være i stand til at overføre til vores handlinger. I virkeligheden hjælper meditation os til at opnå en dybere indsigt i alle livets aspekter.

48

I en flod, der strømmer igennem mange forgreninger, vil strømmen ikke være stærk. Hvis forgreningerne føres tilbage til floden, og den kun løber gennem sin hovedstrøm, vil strømmens styrke øges markant. På samme måde strømmer vores sind nu mod hundredvis af sanseobjekter. Hvis sindet er under kontrol og fokuseret på ét punkt, vil der blive skabt en gevaldig kraft, som kan bruges til at udrette vidunderlige ting.

49

Meditation hjælper os til at se alting som en frydefuld leg, så at selv dødsøjeblikket bliver en lyksalig oplevelse.

50

Mine børn, i vores nuværende sindstilstand, er vores såkaldte 'uselviske handlinger' ikke altid helt uselviske. Vi skal derfor forsøge at skabe en fuldkommen balance mellem handlinger og meditation. Introspektion, kontemplation, bøn og chanting er nødvendige i de første stadier af det spirituelle liv. Vores meditation vil blive dybere og dybere, efterhånden som vores uselviske indstilling bliver stærkere.

51

Med tårer at længes efter Gud i fem minutter svarer til en times meditation.

52

Der kan måske opstå negative tanker under meditationen. Hvis det sker, skal du tænke: 'Åh sind, er der nogen fordel ved at dyrke disse tanker? Har de nogen værdi?' Du skal tænke på denne måde og derved afvise unødvendige tanker.

53

Selv nok så mange gentagelser af mantraet eller meditation vil aldrig kunne bære frugt uden kærlighed. Alle dine negative tilbøjeligheder vil automatisk forsvinde, når din kærlighed til Gud bliver ekstraordinær stærk. Det er svært at ro en båd mod strømmen, men hvis båden har sejl, er det let. Kærlighed til Gud er som et sejl, der hjælper båden til at bevæge sig fremad.

54

For at huske Gud må du glemme. At være oprigtig fokuseret på Gud er at være fuldt og helt til stede i det nuværende øjeblik og glemme fortiden og fremtiden. Kun dette er ægte bøn. Denne form for glemsomhed vil hjælpe dig til at berolige sindet og erfare meditationens lyksalighed.

55

I meditation bliver du stille og hviler i dit eget sande Selv.

56

Et menneske, der mediterer, kan genkendes på sin karakter. Den mediterende vil være ydmyg og have indstillingen 'jeg er intet.' Kun når vi har indstillingen 'jeg er alles tjener', er det muligt for os at erfare det guddommelige.

57

At smile er en af de højeste former for meditation.

58

Du kan forandre eller transformere din skæbne ved hjælp af egen indsats, når du praktiserer meditation og oprigtig bøn.

59

Kun handlinger, som udføres med en uselvisk indstilling, vil kunne bidrage til at fordybe meditationen. Ægte meditation vil først finde sted, når du virkelig er uegennyttig, fordi det er uselviskhed, der fjerner tanker og bringer dig dybt ind i stilheden.

60

Kunsten at slappe af under meditation bringer kraften, der eksisterer indeni dig, frem. Det er kunsten at gøre sindet stille og fokusere al energi på det arbejde, du udfører. Således vil du være i stand til at fremkalde dit fulde potentiale. Når først du mestrer denne kunst, sker alt spontant og uden anstrengelse.

61

Selv når du mediterer på navnet eller formen på en Gud eller Gudinde eller Amma, mediterer du i virkeligheden på dit eget Selv – ikke på et ydre objekt.

62

Når din koncentration vokser, vil tankerne mindskes. Når tankerne mindskes, bliver dit sind og intellekt mere subtilt, hvilket gør dybere meditation mulig.

63

Meditation og andre spirituelle praksisformer giver os styrken og modet til at smile ad døden.

64

Husk Gud, chant Guds navn, mediter på Guds form, og gentag dit mantra. Dette er den bedste medicin til at hele fortidens sår. Tag denne medicin for at slippe fortiden, og vær ikke urolig for fremtiden.

65

Mediter med overbevisningen om, at din elskede Guddom findes i dit eget hjerte.

66

Mine børn, undlad aldrig at følge jeres daglige rutine. Uanset hvor trætte eller syge I er, skal I forsøge at meditere i et stykke tid.

67

I begyndelsen har du brug for at udvikle en følelse af kærlighed til din daglige meditationsrutine. Det må blive en essentiel del af dit liv. Hvis du ikke kan udføre din spirituelle praksis på den fastlagte tid, må du opleve smerten ved at have sprunget den over og en længsel efter at udføre den.

68

Hvis du kan se med subtile øjne, vil du opdage, at der findes et mellemrum mellem tankerne. Dette rum er tyndere end en hårsbredde, men det er der. Mellemrummet vil blive større, hvis du kan afholde tankerne fra at strømme uden nogen kontrol, som det er tilfældet nu. Det er kun muligt i et meditativt sind, som koncentrerer sig om en enkelt tanke. Under meditation skal sindet dvæle ved en enkelt tanke, ikke ved mange tanker.

69

Rejs dig ikke op med det samme for at gå i gang med andre aktiviteter, når du er færdig med at meditere. Lig i savasana (stillingen, hvor man ligger som et lig) i fem til syv minutter, efter du har løsnet benene fra meditationsstillingen. Slap af i sind og krop. Brug tilstrækkelig med tid til, at flowet af prana (livsenergi) vender tilbage til sin normale tilstand. Det er i dette tidsrum, at kroppen helt indarbejder de positive virkninger af meditationen.

70

Gruppemeditation er meget gavnligt. Vibrationerne fra alles koncentration gennemtrænger atmosfæren og gør den mere velegnet til meditation. Man kan opnå en god koncentration, fordi alles tankevibrationer følger samme mønster.

71

Sindet er intet andet end tanker. Når tanker er intense, bliver de til handlinger. Når handlinger gentages, bliver de til vaner. Vaner danner vores karakter. For at stilne sindet under meditation er vi først nødt til at forandre vores tankers 'kvalitet'.

72

Et sundhedsfremmende middel skal tages i den foreskrevne dosis, og herudover kan den blive temmelig skadelig. Hvis du drikker en hel flaske, vil det kun skade dig. På samme måde kan du måske være meget entusiastisk over spirituelle praksisformer som meditation, og måske tænker du: 'Lad mig meditere i timevis.' Hvis du ikke er klar til det, kan det føre til mange problemer. Dit hoved kan blive ophedet, du sover måske dårligt, din fordøjelse kan blive påvirket osv. Gå meget gradvist i gang med at meditere – langsomt og stabilt.

73

Det er sindets natur at vandre. Det kan ikke være stille. Når vi forsøger at stilne sindet ved at koncentrere os om et meditationsobjekt, ser vi, at det vandrer endnu mere. Begyndere kan måske blive forskrækkede eller miste modet over alle de utallige tanker. Beslutsomhed og vedvarende praksis er den eneste vej til at sejre over sindet. Bliv ikke afskrækket og mist ikke modet. Fortsæt beslutsomt din spirituelle praksis.

74

Mine børn, der kan måske opstå negative tanker under meditationen. Lad være med at bekymre jer. Giv ikke opmærksomhed til disse tanker. At tillægge det negative for stor betydning vil svække sindet. Sindet er bare en samling tanker. Tænk, at de dårlige tanker dukker op, fordi det er på tide, at de forsvinder. Vær omhyggelig med ikke at identificere jer med dem. Ignorer blot alle negative tanker, og fortsæt med at meditere.

75

På begyndende stadier af meditation vil den latente tamas (sløvhed) dukke op til overfladen og få dig til at føle dig søvnig. Dette skal overvindes ved en regelmæssig, systematisk meditationspraksis, kontrol over spisevaner osv. Når du føler dig søvnig, skal du straks rejse dig fra det sted, hvor du mediterer, og chante dit mantra, mens du går frem og tilbage. Brug en mala, (bedekrans) mens du chanter, og hold den årvågent tæt ved dit bryst. Hvis man er årvågen, vil de tamasiske egenskaber gradvist forsvinde. Lad rajas (aktivitet) drive tamas væk.

76

Betragt de tanker, der går gennem dit sind under meditationen, men undlad at engagere dig i dem. Klyng dig ikke til dem. Forsøg at udvikle evnen til at træde tilbage og være et vidne til tankerne, som passerer gennem dit sind. Dette vil gøre dit sind stærkt.

77

Gør dit bedste, når du mediterer og udfører spirituel praksis, og tænk ikke på resultatet. Hvis du sidder og tænker på resultatet, vil du ikke være i stand til at give fuld opmærksomhed til din praksis. Det er ikke meningen, at en spirituelt søgende skal interessere sig for at opnå spirituelle oplevelser. Skynd dig direkte mod målet!

78

Oprigtig bøn ER meditation. Det er en samhørighed med Gud, der finder sted i hjertets stilhed.

79

På et vist stadie smelter den spirituelt søgende sammen med den elskede Guddom. Vi smelter sammen med det guddommelige gennem den intense kærlighed, der opstår ved konstant at huske Guddommen og ved at give afkald på alle andre tanker. Vores elskede Guddom vil så føre os til den endelige tilstand, som er en ikke-dualistisk erfaring, hvor alt, der er tilbage, er ren opmærksomhed, glæde og lyksalighed.

80

Kun et menneske, som lever sit liv fra øjeblik til øjeblik, kan være fuldkommen fri fra frygt. Kun et sådant menneske vil være i stand til fredfyldt at tage imod døden. At leve sit liv fra øjeblik til øjeblik er kun muligt gennem meditation og andre former for spirituel praksis.

81

Alle former for spirituel praksis gøres for at være fuldbyrdet i sit eget Selv, af Selvet og for Selvet. Vi skal blive uafhængige – kun være afhængige af vores eget Selv, selve kilden til al glæde.

82

For at føle sig fuldt afslappet og til sidst nå tilstanden af fuldkommen alene-væren, må forstyrrelser fra fortid og fremtid ophøre. Kun dette øjeblik eksisterer og skal erfares.

83

Meditation vil hjælpe os til at få kontrol over vores sind og vores krop. Det vil sætte os i stand til at udvikle tålmodighed. Sindets fjernbetjening skal være i vores egne hænder. Sådan er det ikke nu. Det er sanserne, der kontrollerer os.

84

Ægte meditation kan vi kun erfare i nærværet af en satguru (ægte guru). En sådan guru befinder sig konstant i en meditativ tilstand, selvom du kan se ham eller hende være fysisk aktiv. Guruens tilstedeværelse er det sted, som er mest fremmende for, at din Selv-udfoldelse kan finde sted. I nærheden af guruen kan du opnå den indre alene-væren og derved give slip på al frygt og følelse af adskilthed.

85

Når det lille ego forsvinder gennem meditation, bliver vi det ubegrænsede og upersonlige, og vi kan erfare lyksalighedens ocean. Resterne af det, der virker til at være et ego, vil være der, men det er ikke virkeligt.

86

Når vi mediterer eller sidder alene, kan vi måske føle, at der ikke findes noget negativt indeni os. Alligevel kommer alt det negative op til overfladen og er vanskeligt at kontrollere, når vi befinder os i overvældende situationer. Det vil aldrig hjælpe at fjerne os fra situationerne. Hvor du end er, brug situationen til at få kontrol over dit sind. Det er det egentlige mål med spirituelle praksisformer.

87

Gud vil være tjener for det menneske, som har fået et koncentreret fokus i sindet under meditation. Mine børn, det kan Amma garantere jer for. Bare prøv, og se hvad der sker!"

88

De, som beder til Gud og mediterer på Gud med oprigtighed, vil aldrig mangle noget essentielt.

89

Anstrengelser er menneskelige, mens nåde er guddommelig. Anstrengelser er begrænsede, mens nåde er ubegrænset. Dine begrænsede menneskelige anstrengelser kan kun føre dig til et vist punkt. Herfra vil guruens nåde bære dig til målet. Udfør din spirituelle praksis med oprigtighed, lad din indstilling være fuld af kærlighed og overgivelse, og vent så tålmodigt på, at nåden indfinder sig.

90

Fordi du ikke har skabt skyerne på den ydre himmel, forsvinder de ikke, når du betragter dem. Men skyerne af tanker på den indre himmel vil opløse sig, hvis du blot kan være vidne til dem.

91

Både bevægelse og stilhed er to forskellige aspekter af den samme sandhed. De er ét. For at nå en tilstand af stilhed, er det nødvendigt at holde fast i noget.

92

I gamle dage sad Amma aldrig uvirksom et eneste øjeblik. Hun mediterede hele tiden. Hvis der kom nogle for at snakke, så Amma dem som en form af Devi. De kunne snakke så meget, som de havde lyst til. Hvis et øjeblik gik til spilde, følte Amma en forfærdelig smerte og tænkte: "Åh Gud, så megen tid gik til spilde." Så lavede hun dobbelt så meget spirituel praksis. Du vil også høste frugterne, hvis du prøver lige så indtrængende.

93

Hele formålet med meditation er at blive intet– at slippe identifikationen med egne handlinger. Selv følelsen 'jeg mediterer' er forkert. I egentlig meditation findes der intet 'jeg.' Når opfattelsen af 'jeg' og 'min' er forsvundet, vil vi kunne tjene alle og ikke længere være en byrde for nogen. Et almindeligt menneske kan sammenlignes med en lille, stagneret dam, mens Selvrealiserede sjæle er som en flod eller et træ, der giver velbehag og kølende skygge til alle, der kommer hen til dem.

94

Hvis du ikke er i stand til at meditere, så forsøg at gentage dit mantra. Hvis du også oplever, at det er svært, så syng de Guddommelige Navne. På hvilken som helst måde vi formår, må vi virkelig bestræbe os på konstant at huske det højeste. Lad ikke sindet tænke på unødvendige ting.

95

Ydmyghed vil komme, når man gør fremskridt i sin meditation. Ydmyghed indebærer at se Gud i alt eller at erfare sit eget Selv overalt. Ydmyghed betyder overgivelse af os selv — overgivelse af vores vilje til Guds vilje. I denne tilstand er der ikke mere modstand, kun accept. Så føler vi kærlighed til alle skabninger. Vi er i stand til at se alt som Gud.

96

Det er godt at meditere i dæmpet lys. Ydre lys kan forstyrre, når vi forsøger at oplyse vores indre.

97

Spirituelle praksisformer som meditation, gentagelse af et mantra og at synge bhajans er forskellige veje til at slappe af i sindet, så du altid kan være åben som en nyudsprunget blomst.

98

For at holde sindet roligt og gøre det stille er det nødvendigt at knytte sig til noget, der er højere end sindet. Sindet er det mest støjende sted i verden. Medmindre der er en guddommelig form, det kan kontemplere eller meditere på, vil sindet ikke falde til ro. Men objektet for ens meditation eller komtemplation må ikke være noget velkendt, for så vil sindet hurtigt kede sig.

99

Efterhånden som du absorberer dit meditationsobjektet, bliver du ét med det. I denne form for deltagelse, er du selv helt fraværende. Det er, som om spilleren er fraværende - kun spillet eksisterer. Sangeren er fraværende – kun sangen eksisterer.

100

Den, som virkelig elsker, befinder sig konstant i en meditativ tilstand. Tankerne hører op i en sådan kærligheds tilstedeværelse. Den sande elsker gør intet andet end at meditere. De tænker kun på deres elskede, så der er ikke utallige tankebølger i deres sind. Kun én tanke forbliver, og denne ene tanke er om den elskede.

101

Når der kun er én tanke, er der intet sind. Den elskendes konstante og målrettede fokus på den elskede berører hjertets allerinderste gemmer, som ord og tale ikke kan nå. Den hengivne bliver draget ind i en konstant meditativ tilstand. På dette tidspunkt bliver de to til én.

102

Meditation er ubrudt til stede i ægte kærlighed. Du bliver stille og hviler i dit eget sande Selv. Man kan ikke tale, når man hviler i sit eget Selv.

103

Overanstreng ikke dig selv under meditation på guddommens form ved at sidde i lotusstilling eller holde vejret. Meditation er at huske Gud med en konstant og kærlig indstilling. Anse din guddom for at være din mest elskede, din forælder, eller bare anse dig selv for at være deres barn. Husk din elskede guddom når som helst du kan, ligegyldigt hvor end du er, eller hvad du laver. Forsøg at føle guddommen i dit hjerte. Stræb efter at føle deres guddommelige nærvær, nåde, medfølelse og kærlighed.

104

Bed, indtil dit hjerte smelter og strømmer ned som tårer. Det siges, at vandet i Gangesfloden renser alle, der bader i den. De tårer, der fylder øjnene, når man husker Gud, har en fantastisk kraft til at rense ens sind. Disse tårer er mere kraftfulde end meditation. Sådanne tårer er i sandhed Gangesfloden.

105

Den bedste måde at opnå koncentration på er ved at græde til Herren, og det er i virkeligheden meditation. Det er dét store hengivne som gopierne og Mirabai gjorde. Se hvor uselvisk Mirabai bad: "Herre, det gør intet, hvis du ikke elsker mig. Men åh Herre, vis mig godhed, og fjern ikke min ret til at elske dig." De bad og græd, indtil hele deres væsen var forvandlet til en tilstand af konstant bøn. De blev ved med at tilbede Herren, indtil de var helt opslugt af den guddommelige kærligheds flammer. De blev selv offergaven.

106

Mediter, bed og chant dit mantra for at fjerne din vrede og årsagen til den. At fjerne vrede og andre negative tilbøjeligheder er livets mål for den spirituelt søgende. De dedikerer hele deres liv til det.

107

Føden fra verdslige tanker og begær er skadelig. Der findes langt mere velsmagende og sundere mad: vores spirituelle praksis. Når først du oplever det, begynd da at fodre sindet jævnligt med meditation, chanting af det guddommelige navn, japa og andre spirituelle praksisformer. Gradvist vokser sulten efter at få mere og mere af denne spirituelle føde.

108

Hvis du bekymrer dig om verdens velfærd, skal du helhjertet meditere og udføre spirituelle praksisformer. Mine børn, bliv som fyrtårnet, der vejleder skibene, som sejler i mørket. Lad Guds lys skinne i verden!

www.ingramcontent.com/pod-product-compliance
Lightning Source LLC
Chambersburg PA
CBHW061954070426
42450CB00011BA/3028